복숭아 두 알

시에시선 **098**

복숭아 두 알

황미경 시집

詩와에세이

시인의 말

가만히 들여다본다.
가만히 들여다보는 일
둥둥 떠오르도록 기다리는 일
마주하는 일
겁내지 말아야겠다.

나는 나를 다정하게 어루만진다.

2025년 가을
황미경

차례__

시인의 말 · 05

제1부

어제 거기 · 13
봄날 오후 · 14
먼 산을 보며 걸레질하는 여자 · 16
꽃구경 · 17
봄은 왔건만 · 18
두고 간 목련 · 19
춘설 · 20
봄날의 의자 · 21
보리수나무 아래 색에 물들다 · 22
나는 자꾸만 과거의 나에게로 가서 · 24
작약과 파랑새 · 27
여자의 아랫배에선 무슨 일이 일어나는가 · 28
떡집 여자 · 30
소나무와 철쭉 · 33
당신이 조금만 꾀를 부렸더라면 · 34
5월에 · 35

제2부

칸나 · 39
어제 먹은 복숭아 두 알 · 40
참나리 · 42
능소화 · 43
감자가 세상에 나온 날 · 44
행주를 꼭 짜지 않아 죽을 뻔한 여자 이야기 · 46
덩굴식물 · 49
시스투스 · 50
미모사 · 52
백일홍 · 53
잠도 오지 않는 밤에 · 54
당신은 추하고 난 악랄해졌어 · 56
깃발을 든 여자 · 58
달콤한 사랑 · 60
장마 · 62
8월에 · 63

제3부

가을밤 · 67
목성 · 68
밤 개구리 · 70
우리 몸은 1초에 380만 개의 세포를 교체한다 · 71
호접지몽 · 72
또 다른 세상 · 74
수건 · 75
날파리를 잡다 · 76
다인 병실 하모니 · 78
한 여자가 누워서 · 80
달밤에 소쩍 · 82
간판 · 84
철이 있는 것과 철이 없는 것 · 85
어느 날 밤 나는 · 86
치통 · 88
새벽달 · 90
철없는 철쭉 · 91

제4부

첫사랑 · 95
파묘 · 96
에이아이(AI) · 98
폭설주의보 · 99
당신이 오시는 길 · 100
극강 시대 · 101
겨울날 · 102
너와 나 · 104
눈 온 아침 · 105
당신은 여우같이 · 106
가난한 여자 · 108
눈이 비가 되면 일어나는 일들 · 110
거울 보는 여자 · 112
흔적을 지우다 사라진 여자 · 114
순한 마음들이 모여 · 116

시인의 산문 · 119

제1부

어제 거기

눈을 뜨면 언제나
어제 거기

나는 이생만 기억하는 것인가

이생만을 기억하는 것이 나인가

봄날 오후

통창을 사이에 두고
벚나무와 마주 앉았다
그는 막 달아올라 있었다
가지 끄트머리에까지
자부심이 배어 있었고
겸손을 가장한 연분홍이었으나
좀 뻐기는 모양새였다
우선 며칠 후면 만개할 그의
화창한 앞날을 축하해 주었다
아침에 슬쩍 치운
발밑으로 떨어뜨린 죽은 가지 얘기는
꺼내지 않았다
남녘의 축제 소식과
거센 비바람 얘기도
오늘따라 줄지어 가는 차 행렬의 행선지가
산 아래 꽃마을인 것도
전하지 않았다
세상의 중심에 서서

화양연화를 꿈꾸며 생기를 뿜어내는
멍울진 가슴을 몽울몽울
꽃망울로 터트리는 그를 보며
빛나던 나의 가지와
나도 모르게 용서받았던
많은 날들을 떠올렸다
주름진 손을 들어 차를 권하자
그는 아까보다 더 발그레한 얼굴로
성급한 벌들의 구애를
살랑살랑 달래는 것이었다

먼 산을 보며 걸레질하는 여자

슬픔으로 단단해진 것들이
빛날 때
반질반질해진
맨바닥의 투명함 속에서
손을 뻗어
너를 만지면
추울수록 명징한 것들
요요한 버들가지 끝
낭창한 마음
햇살이 온다면
곧 피어날 마음들
부산스러움 속에서
눈을 좀 흘겨도 좋겠다

꽃구경

너는 늘 행복하여서
마음이 조마조마했다
용광로 쇳물은 끓고
우리는 산 너머로 꽃구경을 갔다
굴뚝의 연기가 피어나고
흰 구름 같은 꽃도 피어나는
난화한 오후
우리는 돗자리를 펴고 앉아
웃으며 사진을 찍고
서둘러 행복을 저장한다
무릎을 베고 누우면
물결처럼 퍼져 나가는 풍경 소리
내 마음 없은 구름
너에게 달려간다
나의 빈약한 어깨 우에
봄이 내린다

봄은 왔건만

그녀의 뒷모습을 닮은
여자가 가네
나는 우네
멈춰서 오래오래
바라만 보네
멀어지는 그녀를 보며
나는
우네

두고 간 목련

곧 헐릴 재개발 터
두고 간 목련

이삿짐 트럭 꽁무니
따라가는 버려진 개들

오늘도 박새 한 마리 머물다 가네

팔순 노모의 신세타령
이젠 못 듣나

빈집에 바람만 덜컹거리네

하얗게 타오르는
마지막 봄날

춘설

4월이 중순인데
해 뜨고 함박눈 온다
꽃구경 가던 이 눈꽃에 놀란다
돌풍이 불고 산불이 번지고
죄를 지은 자들은 목소리를 높인다
서늘한 예감을 묻어두고
잊고 지낸 날들이 난처하다
섬세하게 바로잡는
평온한 날의 소홀함
이상하다는 생각을 하지 않은
이상한 날들이 눈 되어 나린다
진실은 음모에 쉽게 당하고
되돌리려는 노력은 가까스로
원점에 도달하는
복사꽃 위로 춘설 핀다
꿀벌들 동사하겠다
이 봄날에

봄날의 의자

곱씹을 추억도 메말라
우물우물
헛새김질하는 노파
동공이 말라버린 빈 눈으로
해바라기를 한다
빨간 벽돌집 대문 옆
오래된 화분들
담장 위 졸고 있는 고양이
낮은 의자에
굽은 등을 기대면 퍼지는 햇살
적의가 새어 나간
얼굴 위에서
나비도 벌도 한가롭다

보리수나무 아래 색에 물들다

빨간
고 영롱한
반질반질 윤이 나는
조롱조롱 매달린
뜰보리수 열매를
나는 탐욕에 젖어
성급히 손가락 사이로 훑으며
신발이 벗겨지고
환삼덩굴에 긁히며
고 빨간 것을 좋아하는 엄마
정신없이 훑어 담다가
석가와 무관한
보리수나무 아래에서
나는 탐욕을 이기지 못하고
시고 떫으며 달콤한
그 맛을 좋아하는 엄마
한 움큼씩 입안에 넣고
씨를 발라내며

눈알을 굴리며
소녀처럼 볼이 붉어질 엄마
나는 까치발을 들고
가지를 잡아당기고
바구니 가득 넘실
고 빨간 것이 반짝이는데
나는 유혹을 이기지 못하고
나는 깨닫지 못하고
색을 공으로
공을 색으로 여기지 못하고
생을 사로
사를 생으로 여기지도 못한 채
보리 이삭을 닮은 무른 씨앗을
분수처럼 뱉어내면
땅으로 달려가는 씨앗들
보리수나무 아래
내 손은 빨갛게 물드네

나는 자꾸만 과거의 나에게로 가서

그런 날이 있다
시간이 멈추고
찰나
세상의 균열이 느껴지는
전후의 시간이 미세하게 다른 그런 날

나는 우주의 틈이 잠깐 벌어진 그날
과거의 나에게로 갔을까
몇 번의 고요한 정지와
깨달음은 내가 보내는 신호였을까

나는 이십 대였고
시골의 어느 잔칫날이었고
무심코 친척 아주머니 두 분을 바라보다가
어떤 생각에 압도당했는데
그것은 이십 대 내내 나를 따라다녔다

몇십 년 뒤 어느 날엔가는

잠자리에 들면서 문득
내일은 새날이 밝으리라 확신했다
다음날 나를 둘러싼 공기는 바뀌었고
나는 좀 순해졌다
내버려 두었던 것을 돌보았고
밀려나 있던 것들과 눈을 맞추었다
내 안의 무언가가 사라졌고
말랑하고 쉬운 것들이 자리잡았다
정성을 다해 빨래를 개고
마루를 닦으며
내가 나에게 보내는 메시지로
골똘히 바느질을 하였다

나는 자꾸만
과거의 나에게로 가서
나는 자꾸만
무언가를 말하고 싶었지만
간절함은 번번이 잊히고

오늘처럼 바람 불고 꽃비
엉켜드는 날이면
누군가 나를 부르는 소리에
자꾸만 뒤를 돌아보는 것이다

작약과 파랑새

작약은 피고 파랑새는 운다

작약이 피면 파랑새가 운다

파랑새가 울면 작약은 피나

파랑새는 울고 작약은 핀다

여자의 아랫배에선 무슨 일이 일어나는가

그녀의 장내 미생물은 안녕하신지
그들의 움직임이
여자의 우울감을 조절한다네
씩씩하게 걸으며 울던 여자
마스크 속에서 웃던 여자
눈을 깜빡이며 웃음으로 맞장구치던
두려움에 떨던 그의 아내

몇 년 앓던 산딸나무
기어코 하얀 꽃핀 밀어 올리던 날
바람과 흰나비는 무엇을 했나
출렁이는 아랫배 따라
콧노래 부르던 여자
그들의 공모를 조용히 지켜본다

멧비둘기 둥지를 틀고
알 속의 고요가 흔들리는 아침
연한 부리 너머

눈동자에 비친 세상

떡집 여자

잇몸이 드러나게 웃던 여자
강물로 뛰어내린 여자

아흔 훌쩍 넘긴 시모
떡집 의자에 앉아 있네
총기도 좋아라
가래떡처럼 온종일 욕을 하네
샌님 같은 남편 박자를 맞추네
뭉개고 자르고 고물을 묻히네
그녀는 무지개떡 되어 헤벌쭉
경중경중 걸어가 인절미를 매만지네

떡집 문 뒤에선
날마다 많은 일이 있었네
덩치가 산만 한 여자와 왜소한 남편 사이
호기심 많은 눈들 스치고
금방 털고 일어나 퍼렇게 웃으며
쑥물 휘젓던 여자

술떡처럼 부풀어 오르던 어느 날
그녀는 달리기 시작했네
시모의 욕설이 따라오네
남편의 음산한 눈 따라오네
결단을 내려
결단을 내려
주문을 외듯 귓가에 속삭이네

그녀는 날아올랐네
꼭 이승일 필요는 없지
자유로운 세상을 찾아
칠십오 년을 마무리했네
긴 형벌이었다고
돌아보지 않겠다고

날은 봄날이었네
검은제비나비 한 마리

물가를 한참이나 떠돌았네

소나무와 철쭉

넌 좀 기울었다

철쭉에게 내밀함 쏟아 봐야
그 애가 받아줄 리 있느냐
따갑다고 진저리치기밖에 더하겠느냐

기울여도 기울여도
너는 닿지 못한다

당신이 조금만 꾀를 부렸더라면

네가 필요하단 말을
사랑한다는 말로 알아듣고서
당신은 꾀를 부리지 않았어요
당신이 닳는 동안
사랑했던 모습마저 사라진 걸
당신은 몰랐어요

너 없인 안된다는 말을
사랑한다는 말로 알아듣고서
당신은 소홀하지 않았어요
자신에게 화내는 시간이 늘어갈수록
외로움도 깊어졌어요
신을 믿지 않았으나
고통과 헌신의 열매를 믿었던
당신을 배반한 것이 자신이라는 것을
당신은 몰랐어요

5월에

아득하여라
까무러치는 봄날
생은 아름다웠노라고
딱따구리 묘비명을 새긴다
마당 가 철쭉
각혈하는 오후

제2부

칸나

핫핫한 능욕을 건디려
칸나가 핀다
여자가 담장 따라 심은 꽃
음담을 먹고 자란 꽃

어제 먹은 복숭아 두 알

탐스럽던 복숭아 두 알
크고 노랗고
우아한 복숭아
쉽게 무르지만
쉽게 마음을 주지는 않아
한입 깨물면
주르르 단물이 흐르고
여름은 시작되지
너는 내 안으로 파고들어 와
명랑하게 톡톡
양치를 하고 세수를 하고
흩어지는 나의 원자들에게
질서를 부여해
엔트로피를 거스르는
크고 노랗고 달콤한
복숭아 두 알
애벌레 한 마리 사각거려도
무너지지 않아

단단하게 빛나던 시절
시시함보다는 고통을 택하려
해를 피하지 않던
한 시절이 있었네

참나리

발랑 잦혀진 꽃잎에
모욕이 알알이 들어와 박혀도
거침없이 암술을
내밀던 꽃
발랑 따라오는 수치심은
긴 굴종의 역사
저절로 오므라드는 마음
발랑 젖히고
주근깨 가득
호랑나비를 유혹하네

능소화

순한 자태로
구중궁궐 담벼락 넘던 꽃

보란 듯 능멸하는
기어오르는 주홍 글씨

허공에 고개 들고
피웠던 사랑
뚝 잘라내던

땡볕에 뒹굴던 꽃
끝내 흐트러지지 않던

감자가 세상에 나온 날

땅에서 방금 나온 감자
손톱만 대어도
껍질이 호로록 벗겨지는
갓 나온 알감자
웅크리고 침잠하던 시절
공포와 대적할 때
어둠 속에서 불뚝불뚝
굵어지던 몸뚱어리
그 시절 벌써 아득해진
뽀얀 껍질 알감자
질겨지고 진해지고
끝내는 쭈글쭈글해지다가
새파란 독기 품고서야
다시 싹을 틔우는 미래 같은 건
조금도 알 리 없는 알감자는
밭두렁에 수북이 쌓여
난생처음 하늘을 본다

댓줄에 실려 오던 햇빛
댓줄에 묻어오던 바람
투명하게 아린 껍질을 스칠 때
소스라치면서
기쁨에 떨던 알감자

당신도 무언가를 세상에 처음 내놓을 때
떨리고 부끄럽고
조금은 주눅이 들었을 것이다

행주를 꼭 짜지 않아 죽을 뻔한 여자 이야기

여자는 행주를 꼭 짜놓지 않아서
잔소리를 들었다
남자는 물기를 닦으려다
흥건한 행주에 화가 났다

남자는 폭군이 아니었다
화가 난다고 여자를 치는 따위의
무식한 사람은 아니라고 자부하는
지적인 사람이었다

여자는 자신의 행동을
세세하게 기억하지 못하는 무딘 사람이었는데
행주 따위가 물러 있든 말라 있든
크게 상관은 안 했으므로

남자는 여자가 자신을 무시한다 여겼다
여자는 남자가 깔아뭉갠다고 느꼈다
남자는 화를 참을 수 없었고

상황을 제압하고 싶었다
여자는 마지막 말을 삼켰다

더러운 행주이거나 삶지 않은 행주
물기를 꼭 짜지 않은 행주 때문에
죽을 뻔한 여자의 이야기는
이쯤에서 잊기로 하자

일상은 흩어지고
기억은 사라지고
깨진 거울 속에서 번갈아 웃으며
남자는 자괴감을 견딜 것이고
여자는 무력감에서 빠져나올 것이다

남자는 누워서 무협 영화를 보고
여자는 내일 아침 국거리를 고민하는데
무협 영화에서는 한 여자가
네 놈과 같은 하늘 아래에서 살지 않겠다

소리치며 비장하게 복수를 다짐한다

덩굴식물

곧게 설 수 없다

애초에 빈 하늘 오르는 일
허공에 몸 던지는 일

흔들리는 건
망설임이 아니다

곧아야 한다면
너와 함께하리

촉수를 거두고
동그랗게 말린 마음

시스투스

오일 발화점이 32도인 식물이 있다
주변에 다른 식물이 늘어나면 오일을 분비해
지중해의 강렬한 태양에 발화시킨다
자신도 타오르고 주변도 타오르고
열에 강한 그녀의 씨앗 하나 날아가 흙에 묻힌다

빼빼 마르고
수줍고 서투른
열아홉의 그녀가 달린다
광장을 지나
들판을 지나
순한 발목으로 달린다
치맛자락 쓸리는 소리
쑥덕거리는 은밀한 웃음
볼이 발간 그녀가 달린다
해를 사랑하다
눈이 먼 소녀
내가 나쁜 맘을 먹어서 그렇게 된 거라고

울먹이며 달린다

눈이 부실수록
사랑은 깊어지고
사랑이 깊을수록
두려움은 없어라

구름 하나 황급히 달려왔으나
때는 늦었네
나란히 누운 일곱 개의 발목뼈
잿더미 속에서
뒹구는 씨앗들

미모사

치부를 들킬까 봐
흠칫 움츠러든다
넌 과도하게 앙상하구나
순식간에 싸늘해진
사랑의 태도
어느 게 진짜냐고 따져 물었지

넌 예민한데
관심 없는 것에는
지나치게 둔하구나
미안해하지 않게 하려고
미안한 일이 아닌 것처럼 굴었지
잘못을 덮어주며
내 잘못도 덮어질 거라 믿었어

툭툭 발로 차 본다
다가서던 마음과
오므라들던 마음

백일홍

나무껍질을 손으로 긁으면
잎이 움직이네
간즈름나무야
간지럼나무야
그리움 스칠 때마다
맨살이 닳고 닳아도
폭염에 달아올랐다
빗물에 눈물 떨구는
간즈름나무야

긴 여름이었다고
가만가만 말해주면
비로소
마당 가득
꽃을 내려놓네

잠도 오지 않는 밤에

그러니까 우리가
상념에 빠져
꿈과 현실을 오르락내리락할 때

그러니까 우리가
잠도 오지 않는 밤에
머나먼 타국의 해변과 돛단배를
쓸쓸하고 가벼운 발자국 따위를 떠올릴 때

그러니까 우리가
뭉친 어깨를 누르며
나지막한 신음으로
일어난 일들과
일어나지 않은 일
일어났으면 좋았을 일들과
일어나지 말았어야 할 일들 사이를 부유할 때

그러니까 잠도 오지 않는 밤에

그러니까
당신이 소낙비로
철 지붕 두드리던
당신이 말을 걸던 그 밤에

당신은 추하고 난 악랄해졌어

채널을 돌리다 옛 드라마에서
여자의 외침을 듣는다
추해진 남자 때문에 악랄해진 여자는
내내 복수를 하며 예쁜 얼굴을 찡그렸고
드라마는 인기가 많았다

그래서 너는
변하지 않는 것에 대해 생각해 보았니
밀화부리 투명하게 우는 아침
순정을 간직한 이들의
우직한 낭만의 휘파람
질서와 무질서의 경계에서
흔들리며 우는 것들
무너지는 것들에 대해
저항하는 것들에 대해
생각해 보았니

마음이 돌아오는 시간

다 먹은 옥수수자루를
가볍게 던지며
여자는 다시 예쁜 얼굴로
새로운 행복을 찾아 나선다

깃발을 든 여자

트랄랄랄라
오오오

치마가 살랑거리고
깃발이 뺨을 스치면
땀에 젖은 머리를 나부끼어요

검은 구멍 속 의심과 배반의 이야기들
소문은 치마처럼 부풀어 오르고
도시로 떠난 소녀들은
순백의 아기를 자궁에 품고
눈먼 처녀가 되어 돌아왔죠

트랄랄라
깃발을 펄럭여요
아무렇지 않게
맨발의 상처를 드러내 보여요

주근깨 빛나는 얼굴 가득
햇살을 품고
미지를 노래하는
작은 새처럼
불안한 영혼을 다독여요

트랄랄랄라
트랄랄랄라

달콤한 사랑

네게 불온한 바람이 묻어왔을까 봐
나는 아까부터 힐끔거린다
불길한 상상이 눈을 가렸다
광폭함이 빛날 때
채찍을 들어
의심은 우물처럼 깊다
동굴에 갇힌 너는
소리 지르는 법을 잊었다
나는 너의 무료한 하품을
견디지 못한다
불안이 나를 삼킬 때
싱싱한 너는
손가락 사이로 자꾸만 빠져나가고
미끄러운 펄떡임은 황홀하다
나의 취약을 뚫고 들어온 숨결
부드러운 손길
오 달콤한 사랑이여
불안을 먹고 자란

새빨간 산딸기 같은

장마

비가 내리고
지붕 아래 안락한 것들이 있고
괘념치 않는 것들이 있고
가여운 것들과
간혹 서러운 것들이 있다

사랑하지 않아서 흘러간 날들
사랑하느라 부서지고 망가진 것들
사이에서 당신의 눈망울은
눅눅해지고 우울한 저녁이
먹구름처럼 낮게 깔리면

매몰차게 비는 내리고
전선은 오르락내리락
둥지 젖은 것들이 있다
뿌리 뽑힌 것들이 있다
맨몸으로
하늘을 올려다보는 것들이 있다

8월에

질기고 독한 것들만
살아남는다

버림받은 여자들은
꽃으로 피어나고
배신당한 마음들
새 되어 우는 달밤
누락된 슬픔이 고요하다

그 여자의 악다구니에 매달려
살아온 가족들은
등 뒤에 숨어서
수치와 경멸을 반복하고

중력을 이기는 날개의
고단함과 우아함 사이로
묵정밭 풀들만
거세게, 자유롭구나

제3부

가을밤

팔을 쭉 뻗어
허공을 휘젓는다
귀또리 하나
날개를 비비어댄다
가녀린 구애의 습성
긴 울음이
별에 닿았다

목성

견우성을 보다 잠들었는데
새벽에 눈을 뜨니
창밖으로 목성이 보인다
거대한 목성의 두 줄 띠와
연한 고리를
잠시 생각한다
목성이 천천히 창을 가로질러 사라지자
푸른 새벽이 찾아왔다
나는 푸른 숨을 쉬다가
꼬리를 슬쩍 확인하곤
하늘로 풍덩 뛰어든다
저 멀리 목성이 위성들을 데리고 간다
당신은 내 마음을 난도질해 놓고
환하게 웃었다
제우스처럼 광폭한 목성의
빛나는 오로라
나도 따라 웃었다
오늘 아침엔

유리병을 닦아 바짝 말려야겠다
모과 향과 유자 향을 품은 유리병들은
햇살을 품고 별이 될 것이다

밤 개구리

앓다가 눈을 뜨니
밤 개구리 소란하다
그중 한 놈은 꼭
서러워 우는 것 같다
늙고 병 드는 것이야
대수로울 리 있겠는가
젊을 적 나는 그 옆에서
잘도 먹고 웃었다

우리 몸은 1초에 380만 개의 세포를 교체한다

나는 날마다 새롭게 태어나고
날마다 죽는다
나와 내가 아닌 것을 구별하려고
날마다 거울을 보지만
나의 눈은
어제의 나와 오늘의 나를 구분하지 못한다
경계 안에서 살아남은 것들은
나인 척하고
당신도 여전히 나로 알고 있다
나는 오늘의 나를 반성하고
오늘의 나를 죽이고
더 나은 내가 되어야지
긴장과 정성을 소진하고
달라진 나를 주문하여
다른 사람이 되기로 한다

내가 버린 것들을 후회하지 않겠다
그것이 비록 젊음이라 할지라도

호접지몽

꿈에 아이를 잃어버렸다
화장실 다녀오는 사이
아이는 건물이 떠나가게 엄마를 부르며 울고
나는 아이의 이름을 애타게 부르며 소리치는데
우리는 같은 5층에 있었고
지나가던 이가 5층 입구에서 아이가 울더라 전해주었다
그쪽으로 달려가는데
갑자기 아이가 울음을 멈췄고
나는 끝내 아이를 찾을 수 없었다
깨어 보니 모르는 사내아이였다

울음이 멈춘 그 시간
아이는 또 다른 나를 만나 일상으로 돌아갔을까

30년째 꿈에서만 만나고 있는 친구는
자기가 부암에 걸렸다며
파티장에서 검붉은 코피를 쏟았는데

나는 친구의 피를 닦아주며
부암이 뭐지 부암이 뭐야
연거푸 묻다가 깨어나서는
부암이 실제로 있는 암인지 확인하다가

나는 무엇을 잃어버렸나
묻어 두고 억눌렀던 것들이
사라지는 희미한 통로의 끝을 붙잡고
실처럼 떠오를 때
두려운 나날들이여
꿈에서 깬 나는
다정하게 나를 어루만진다

또 다른 세상

그곳은
내가 너이고
네가 나여서
그곳은
내가 어디에나 있고
네가 어디에나 있어서
너와 나는 동시에 존재하고
거리와 상관없이
한 몸으로 얽혀 있는
그곳은
누군가 들여다보기 전까지는
동시에 아무 데나 존재하는
나의 일부이면서 내가 아닌
그곳은
시간이 흐르지 않는 곳

수건

나는 성급히 메말라
까슬까슬해요
당신의 물기를 내게 주세요
눈물을 닦아드릴게요
얼마든지 울어도 좋아요
눅눅하고 축축하고
간간해지고 싶어요
푸릇한 곰팡이 향이 나도 좋아요
걸레라고 불러도 수건인 걸요
수건이라 불러도 걸레인 걸요

날파리를 잡다

돋보기를 써야 얼룩이 보이기 시작했다
무감했던 얼룩이건만
선명해지니 신경이 쓰였다
책이 아닌 주변을
둘러보는 버릇이 생겼다
낡은 소파는 해졌다
내 등가죽과 만나
서로 닳아온 세월을 감출 수 없었다
세면대도 박박 닦아냈다
팔뚝의 점은 언제 생겼을까
파르스름한 실핏줄
오래 바라보다
주먹을 불끈 쥐니 힘이 난다
나는 돋보기안경을 쓰고
힘이 솟아나는 광경을 볼 수 있어서 좋았다
어른대던 날파리 하나
과하게 으스러진다
날개를 이겼으나 힘이 지나쳐 우습다

사체를 들여다보며
구분하지 못했던 것들의 다름을 발견한다
이해한다는 건 함부로 하는 게 아니었다

다인 병실 하모니

가림막 너머 밭은기침 흩어지고
내밀한 사연 낮게 떠돈다
아버지와 딸은 어색한 화해를 하고
아마도 손을 맞잡았을까
회한이 많은 아버지는 무너지지 않는다며 무너진다

늙은 아내는 언제부터 퉁명스러웠는지
귀가 어두운 그녀 옆에서
뒹구는 소변 통처럼 외로워진 사내
몸 일부를 잘라낸 자리에서 고요하다

정신을 놓아버린 아버지에게
손길로 최선을 다하고 싶은
중년 아들의 신경질
아버지는 매달리고 아들은 의지한다

섬망에 시달리는 사내는
복도 가득 비명을 쏟아 놓고

혼탁한 장루액 흔들리며
은밀할 수 없는 병실의 밤은 깊어간다

존엄이 무너지는 시간
저마다의 청춘을 안고
내려앉은 마음들 소란처럼 번지면
하
원망은 고름처럼 맺히고
생경한 불빛 차갑다

한 여자가 누워서

한 여자가 누워서 우주를 생각하네

어머니의 어머니의 어머니
아버지의 아버지의 아버지로부터
이어진 굴욕 더해진 무게
그녀는 첫 새벽을 호흡하네
인간의 인간의 인간
자본의 자본의 자본
나의 욕망은 내 것이 아닌 지 오래
나를 옳게 욕망하는 것
조용히 자유를 허락하는 일
날마다 조여오는
이 고리를 끊어야겠다

한 여자가 누워서 우주를 호흡하네

나는
오로지

너와
독대하겠다

여자의 종속을 먹고 자란 여자가
옆에서 우네
젖을 물고도 끈질기게 우네

달밤에 소쩍

우는 까닭이야
알 리 없지마는
소쩍소쩍 애가 탄다
소쩍새는 간절했으나
남들은 그저 그랬던 모양
장마 끝이어서
먹구름 몰려다닌다
먼 유전자의 기억으로
동네 개들 연달아 하울링 하는 보름밤
구름 속 달의 머뭇거림에
소쩍새 쉰 목으로
끝내 우겨대던 밤
한차례 소나기 예보가 있었으나
여전히 열기가 가시지 않던
흉흉한 소문이 돌던
그 밤에

소쩍소쩍 숏숏쩍

소쩍소쩍 숫숫쩍

간판

낡은 간판
글자가 떨어져 나간 간판
오래되어 지워진
남은 글자로 종잡을 수 없는 간판
뒷골목에서 무심한 간판
기를 쓰지 않는 간판
한때 무엇이었는지
돌아보고 싶지 않은 간판
반짝이는 간판 옆에서 기죽은
이제는 사람들의 시선이 싫어진 간판
그 아래 빈 병처럼 드러누운 사내 하나
어쩌다
눈길 한번
주고 마는 간판

철이 있는 것과 철이 없는 것

철없는 것들이 철모르고
내 안의 비겁과 은밀한 욕망을 까발리는 동안
철든 체했던 위선은 무너지고
무시당한 분노가 덮쳐오면
품격은 어느새 사라져
나는 기어코 철을 잃었네

어느 날 밤 나는

어느 날 밤 나는 몸을 훌쩍 빠져나와
그녀를 내려다보았네
뱃속의 습성을 여전히 간직한 그녀는
새우마냥 웅크리고 자는데
그 꼴이 딱하기도 안쓰럽기도 하여
마음이 흔들렸네
그녀와 함께한 지는 오십 년이 넘었네
그녀는 밥을 조금 먹고
그녀는 잠을 많이 자고
그녀는 낯을 가리며
세월을 잘 받아들이는 편이어서
조금 우울하기도 하였네
사랑이라 믿었던 것들이 허물어지는 동안
그녀는 눈을 감고 기다리었네
살다 보면
얻기만 하는 것도 잃기만 하는 것도 없어서
선택의 빛과 어둠을
온전히 받아들이게 되는 때가 있다고

그녀는 나지막이 잠꼬대를 하네
창을 넘어
창공으로 날아오르면
개 짖는 소리 따라 세상은 멀어지고
은하수 물결 타고
소요음영하다 보면
세월이 아쉬운 것도 욕심이라네

치통

심통이 치통을 몰고 왔는지
치통이 심통을 부리는지
알 수 없는 밤
나의 심통은 치통을 이길 기세였다
인정도 메마른 밤
이 악물고 신음하니
누군가는 샘통이겠거니
나의 퉁퉁 부은 볼을 보아라
볼썽사나운 심통이
혈관을 타고
주체하지 못하고 부푼다
지루한 일상이
눈을 반짝이며 내려다보는
어차피 불면인 밤
인간에 대한 예의는 얄팍하구나
어차피 불면인 밤
밑바닥을 들여다보면서
혼돈의 흙탕물 휘저어라

맘껏 망가지고 나서야
추슬러 쉽게 우는 밤

새벽달

엊그제만 해도
완벽하다 했지
날마다 제 살 도려내며
겸손해지는구나
이제 곧
마음마저 버리고
모조리 비운 후
다시 태어나겠지
그리움 머물던 자리
채울수록
비어만 가고
비울수록 차오르는 마음
애초에 허망하여서
바람 불 때면
곁가지처럼 흔들리고 있구나

철없는 철쭉

철모른다 비웃었네
봄이 아니란다

서리 맞고도
가녀린 잎
굽힐 줄 모르네

각오한 사랑은 용감하구나

추울수록 투명해지는
푸른 멍

오늘도 입술을 깨무네
국화 옆
철쭉 한 송이

제4부

첫사랑

첫눈이 폭설이다
혹독한 처음도 있는 법이어서
준비되지 못한 마음들
사랑의 상처를 털어낸다

파묘

40년 전의 그를 개봉했다
미세한 것들이 얽혔다 풀어지며
사진 속에서 그가 웃는다
성긴 눈발 사이로
과묵하고 성실했던 사내의 일생이
찬송으로 빛날 때
구름 사이로 터지는 햇살

무덤에서 40년 기다린 유골들
재가 되어
그는 또 한 번 축소되었으나
풀려난 것들과
새로운 얽힘이
비석 뒤로 고요히 묻혔다

그해 무덤가에서
나의 마음은 관측당하여 붕괴되었다

억울해하지 않고 말하는 연습이 필요했다

에이아이(AI)

패턴을 줄게
나를 예측하렴
말을 채집하고
표정을 확대하고
웃음과 울음은 일치하는지
등이 굽고
어깨가 기울던 날들의 기울기와
그를 만났을 때
생겨난 구멍의 크기
밤과 아침의 고요는
차례로 어떻게 스며드는지
새로 생겨나는 것들과
사라지는 것들에 대해
나의 패턴을 너에게 줄게
도발을 예측해 주렴
붉은 입술에 달려들던
첫 눈발의 서늘함과 가엾음에 대해
작심한 도발의 허무에 대해

폭설주의보

폭설 예보가 있던 밤
꿈결에 싸락싸락 눈이 내린다
흰 나귀를 타고 들판을 달리다가
눈 위를 뒹굴면
눈은 나를 덮고
형체가 드러나지 않도록
나의 우에 소복
쌓이고
꼬리가 까만 흰 고양이는
나를 가로질러
사뿐사뿐 처마 밑으로 기어가고
땅이 되어 버린 나를 밟으며
나귀는 히잉히잉 달린다
어둠 속에서
단단해지다가
맑아지다가
흐르는 것들

당신이 오시는 길

당신은 내게
투닥투닥 명랑한 소낙비로

당신은 내게
눈물 어린 진눈깨비로 스며들다

당신은 내 차창에
벚꽃 잎으로

오서서 말을 걸다가
꾀꼬리 울음 남기고 떠나네
빈 가지 흔들리는 소리

가던 길 멈추고
눈 위에 발자국 찍어
지상 소식 전하네

극강 시대

 강으로는 모자란 극강의 시대 한파도 호우도 폭염도 극강으로 몰려와 극강이어야 살아남는 시대 눈망울 여린 것들에게 극강을 물려주지 못한 어미 눈물로 사죄하여 보는 시대 극강의 시절 예측하지 못하고 사립문 느슨하게 열어 놓았던 아비 비웃음 알아차리던 시대 영악하게 빠른 것들 잽싸게 여미고 광포하게 질주하던 시대 그들의 뒷모습 넋 놓고 추앙하다 고개 숙이며 쪼그라들던 마음들 극강은 더 나아갈 수 없는데 극강 다음의 시대는 어디로 향하는지 어지러운 눈발만 난무하는 잿빛 거리에서 옷깃을 세우며 총총 어디로 가는지

겨울날

쨍한 날이다
채챙챙 금이 간다
삭풍이 맵다
얼어버린 마음들
긴 동면에 든다
산새가 챙챙 운다
메아리도 챙챙

안개처럼 피어오르는
불안의 협곡을 헤매다
내밀함을 꺼내도 될까
당신의 눈을 찬찬히 바라보면
챙챙챙
창백한 달이 뜬다

오
나의 연약한 비겁이여
너는 내가 가장 두려워하는 모습으로 찾아와

나를 삼킨다

너와 나

나는 떨리는 손으로
창백한 너의 얼굴을 만진다
만진다 나의 손은
너의 매끄러운 볼 위의 가냘픈 솜털
솜털의 허공은 나를 밀어내고
내가 만지는 것은 너의 밀어내는 힘
차갑기도 하고 보드랍기도 하여서
나의 빈 공간에서는 여전히
너를 만지러 출동한 전자들이 밀려나고 있어
우린 서로 영원히 닿지 못해
내가 만진 것은 너의 차가운 거절
내가 바라보는 것은 네가 튕겨낸 색들
아름다운 거절
보드라운 저항
이 매혹의 거리를 잊지 못해
손끝으로 새기는 너의 얼굴

눈 온 아침

간밤에 네가 다녀간 걸
발자국 보고 알았네
맴돌다 망설이던 곳
차마 들이지 못한 마음
바람도 알고서
흔적을 덮어주네

당신은 여우같이

당신은 내 맘을 여우같이 알고서
무심한 말과 표정으로
나의 불안을 잠재워요

난 천연덕스럽게 거짓말을 하고
공작새처럼 부풀어 올랐죠
당신이 소리 없이 웃어서
조금 따스해졌어요

오늘은 좋은 일이 있어서
거만해지기로 해요

웃으며 지난 얘기를 할까요
서툴렀던 알몸의 청춘과
오월의 꽃처럼 피어올랐던
분노와 희미해진 억울함 따위

당신, 그때 왜 그랬어

언제나 당신의 그림자만큼
눈은 녹지 않았습니다

가난한 여자

달아날 준비만 하는
두려운 여자
가면 속 무표정은
온종일 파리하네
하루하루가 나를 죽일 거야
가난해서 외로운 여자
가슴속 하얀 뱀이 똬리를 틀고
차가운 혀를 내밀어 봐
연약한 하얀 뱀
불온한 바람이 불어와
여자는 눈을 감네
아랫배를 조용히 들락거리며
동전을 모으네
버티는 것은 사랑일까
굴뚝 아래 아이들은
거인이 잠들기를 기다리네
여자는 자정이 넘어
비명을 지르고

푸른 밤은 조각조각 고요하네

눈이 비가 되면 일어나는 일들

눈이 색을 가리니
세상은 아름다워
가끔은 무게를 견디며 나를 감추지

추억과 기약 사이
애매한 것들의 맥락을 찾아
가쁘게 달린 하루
저마다 한 꾸러미씩 껴안고
남의 보퉁이를 힐끔 훔쳐보는 일

네 것보다 작고 가벼워
오늘은 행복하였네

밤새 쌓인 눈 울컥
제 색을 찾아가네
눈 덮인 유화에서 수묵화로
번지는 슬픔

시시한 연애처럼
바로 본색을 드러내는 것들

거울 보는 여자

앙상한 맨다리로 앉아
여자는 멍하니 거울을 본다
초점 없는 눈으로
짓무른 눈가를
천천히 쓰다듬는다
그녀의 일생이
거울 속에서 되감긴다
능숙하고 절도 있던 시절
의연하게 너그럽던 품 안에서
오물거리던 아이들
자부심이 피식 새어 나와
두 눈에 고였다
긴 병을 앓고 일어나
처음으로 하는 화장
주름진 입가를 문지르며
지친 숨을 고요히 뱉는다
세월이 빠른가
여자는 묻는다

눈도 귀도 어두워
그녀는 세상과 멀어지는 중이다

흔적을 지우다 사라진 여자

얼마 전부터 여자는 가벼워졌다
가슴은 처지고
아랫배는 부풀어 올랐지만
새벽 첫차에 등을 기대면
누적된 어제의 무게 사이로
몸 어디선가 붕붕 소리가 들렸다
유리를 닦다가 맨 하늘로 솟아오를 뻔해서
황급히 문고리를 잡기도 했다
바닥을 쓸고 변기를 닦으면
가슴에서 뽀글뽀글한 거품이 올라왔다
몽글몽글한 것들이 밀려와
경계를 허물자
손이 사라지고 다리가 사라졌다
그녀는 말을 해 보았지만
아무도 알아듣지 못했다
지문처럼 얼굴이 사라진 그녀가
빗자루를 타고 날다
의자에 누운 아이와 눈이 마주친다

아이가 눈을 빛내며
발이 사라진 그녀를 쫓는다

순한 마음들이 모여

이미 가진 자들의 나라에서
부와 권력을 가진 이들이
어떻게 그것들을 유지하고
대물림하는지는
몇 번의 청문회를 통해
세세하게 생중계된 바 있으나
대부분은 그 방법을 알고 난 후에도
따라 할 수 없었던 것이
그들 사이의 공고한 카르텔을
뚫을 수 없어서였다
몇몇 집단은 자신의 이익을 위해서라면
입에 거품을 물고 물불을 가리지 않았는데
그걸 보며 아 역시
아흔아홉을 가진 자가 하나를 더 가지려
혈안이 되는구나 탄복하였으며
그 집단들이 자신들의 행동에
국민의 이익을 갖다 붙이며
목소리를 높이는 데에는

어처구니가 없었으나 그러려니 했다
착한 사람들은 날마다
더 착해지려 애를 쓰는데
등을 토닥토닥
더 착해져라 주문을 외는
착취의 손끝을 보면서
위악을 부리는 시도가 간간이 있었으나
정작 담담하고 강건한 사람들은
분개하지도 조소하지도 않으면서
이 모든 상황을 묵묵히 지켜보고만 있으니
순한 마음들이 모여 세상을 바꾼다는 믿음을
몰래몰래
서로의 눈빛을 보며 확인한 까닭이었다

시인의 산문

작약이 피면 어떤 일이 일어날까

    작약은 피고 파랑새는 운다

    작약이 피면 파랑새가 운다

    파랑새가 울면 작약은 피나

    파랑새는 울고 작약은 핀다
―「작약과 파랑새」 전문

  작약이 피고 파랑새가 우는 것은 아무런 연관이 없는 독립적인 사건처럼 보인다. 하지만 아닐 수도 있다. 작약이 피는 것이 파랑새의 울음에 영향을 미쳤을 수도 파랑새의 울음이 작약의 피어남에 관여했을 수도 있다. 우리의 눈으로 보지 못하고 알지 못하는 그들의 인과 관계를 나는 단정하고 싶지 않다. 그래서 묻는다. 작약이 피어서 파랑새가 운다고 내가 믿을 때 세상은 어떻게 달라지나? 이 세계에 내 감정을 투영하는 것은 어떤 변화를 가져오나?

물리학을 전공하는 조카의 컴퓨터를 보면 알 수 없는 기호들로 빼곡하다. 우주의 질서를 알아내려는 그의 고군분투를 보고 있으면 인간이라는 존재의 능력에 대해 경외감이 들곤 한다. 미시 세계에서 거대 우주에 이르기까지 인간의 호기심과 탐구는 끝이 없다. 나라는 존재에 대한 물음에 이토록 집착하는 존재가 또 있을까?

    눈을 뜨면 언제나
    어제 거기

    나는 이생만 기억하는 것인가

    이생만을 기억하는 것이 나인가
                           —「어제 거기」 전문

나라는 존재가 어쩌다가 지금 이 시간, 이 공간에서 이 삶을 이어 나가고 있는 것일까? 나의 동일한 자아는 나의 기억에 의해서만 유지되는 것일까? 내가 기억하지 못하는 또 다른 세상은 없는 것일까? 우리가 알고 있는 우주 너머 또 다른 우주는 없을까? 터무니없는 상상일 수도 있지만 사실 지구를 중심으로 세상이 돌아간다고 확신하던 시절도 그리 먼 옛날의 일은 아니다. 우리는 날마다 새로운 우주의 모습을 찾아내며 우주의 신비를 풀려 애쓰고 있고, 새로운 이론들은 현재의 세계관을 부정하고 수정하며 계속해서 정립되어 나갈 것이다.

그곳은
내가 너이고
네가 나여서
그곳은
내가 어디에나 있고
네가 어디에나 있어서
너와 나는 동시에 존재하고
거리와 상관없이
한 몸으로 얽혀 있는
그곳은
누군가 들여다보기 전까지는
동시에 아무 데나 존재하는
나의 일부이면서 내가 아닌

> 그곳은
> 시간이 흐르지 않는 곳
>
> ―「또 다른 세상」 전문

  나의 몸을 구성하고 있는 것들, 나를 둘러싼 세계의 모든 것들을 쪼개고 쪼개어 들여다보면 우리가 상식적으로 알고 있는 거시 세계와는 전혀 다른 세상이 펼쳐진다. 중첩되고 얽혀 있고 동시에 파동 함수로 존재하고 있다가 관측과 동시에 붕괴 되는 세상. 그곳은 명확한 경계가 없고 이분법적 구분도 통하지 않는다. 나와 너의 구분조차 모호해지는 세계, 이 양자적 시선으로 바라보면 우리의 존재는 고정된 실체가 아니라 관계 속에서 끊임없이 변화하는 파동일지 모른다.

> 나는 날마다 새롭게 태어나고
> 날마다 죽는다
> 나와 내가 아닌 것을 구별하려고
> 날마다 거울을 보지만
> 나의 눈은
> 어제의 나와 오늘의 나를 구분하지 못한다
> 경계 안에서 살아남은 것들은
> 나인 척하고

당신도 여전히 나로 알고 있다
—「우리 몸은 1초에 380만 개의 세포를 교체한다」 부분

 아침에 눈을 뜨면 나는 어제와 완전히 같지 않은 모습이지만 여전히 나로 살아가기 위해 일어난다. 나의 몸을 이루는 세포들과 내 몸 안에 존재하는 수십조 개의 미생물들, 그들의 공생 관계가 이어질 때까지 나는 나라는 자의식을 가지고 내 몸의 질서를 잡아가려는 노력을 계속할 것이다. 그 공생 관계가 끝나고 나면 우리는 각자의 방식으로 흩어져 또 무언가가 되겠지. 자연의 방식에 따를 일이다.
 생명이란 엔트로피를 거스르는 노력, 무질서로 흩어지고 붕괴 되는 것들을 되돌려 질서를 유지하는 일이다.

 탐스럽던 복숭아 두 알
 크고 노랗고
 우아한 복숭아
 쉽게 무르지만
 쉽게 마음을 주지는 않아
 한입 깨물면
 주르르 단물이 흐르고
 여름은 시작되지

너는 내 안으로 파고들어 와
명랑하게 톡톡
양치를 하고 세수를 하고
흩어지는 나의 원자들에게
질서를 부여해
엔트로피를 거스르는
크고 노랗고 달콤한
복숭아 두 알
애벌레 한 마리 사각거려도
무너지지 않아
단단하게 빛나던 시절
시시함보다는 고통을 택하려
해를 피하지 않던
한 시절이 있었네
　　　　　　　　―「어제 먹은 복숭아 두 알」 전문

무덤에서 40년 기다린 유골들
재가 되어
그는 또 한 번 축소되었으나
풀려난 것들과
새로운 얽힘이
비석 뒤로 고요히 묻혔다

—「파묘」 부분

  나는 복숭아를 먹고 잠을 자고 숨을 쉬고 운동을 하며 내 몸의 질서를 바로잡는다. 무너지는 것들에 저항하며 버티는 일, 질서와 무질서의 경계에서 날마다 흔들리며 중심을 잡으려 애쓰는 일, 나의 하루하루는 이렇게 흘러간다.

  꿈에 아이를 잃어버렸다
  화장실 다녀오는 사이
  아이는 건물이 떠나가게 엄마를 부르며 울고
  나는 아이의 이름을 애타게 부르며 소리치는데
  우리는 같은 5층에 있었고
  지나가던 이가 5층 입구에서 아이가 울더라 전해주었다
  그쪽으로 달려가는데
  갑자기 아이가 울음을 멈췄고
  나는 끝내 아이를 찾을 수 없었다
  깨어 보니 모르는 사내아이였다

  울음이 멈춘 그 시간
  아이는 또 다른 나를 만나 일상으로 돌아갔을까

30년째 꿈에서만 만나고 있는 친구는
자기가 부암에 걸렸다며
파티장에서 검붉은 코피를 쏟았는데
나는 친구의 피를 닦아주며
부암이 뭐지 부암이 뭐야
연거푸 묻다가 깨어나서는
부암이 실제로 있는 암인지 확인하다가

나는 무엇을 잃어버렸나
묻어 두고 억눌렀던 것들이
사라지는 희미한 통로의 끝을 붙잡고
실처럼 떠오를 때
두려운 나날들이여
꿈에서 깬 나는
다정하게 나를 어루만진다

—「호접지몽」 전문

  내 안의 나를 들여다보는 일이 고통스러워 그것은 매번 꿈으로 나타났다. 생생한 꿈에서 깨어나 매번 곱씹어도 알 수 없었던 것들, 내가 억누르고 있던 것들이 어느 날 떠올랐다.

나는 그것을 오래 들여다보았다. 어린 내가 있었고 감추고 싶은 내가 있었고 겁먹은 내가 있었다. 단호하고 거침없이 세상을 살고 싶었으나 그렇지 못했다는 것을 인정하고 싶지 않은 내가 있었다.

나는 나를 오래도록 다정하게 어루만졌다.

복숭아 두 알

2025년 8월 31일 초판 1쇄 펴냄

지은이 _ 황미경
펴낸이 _ 양문규
펴낸곳 _ 詩와에세이

신고번호 _ 제2017-000025호
주 　 소 _ (30021)세종특별자치시 조치원읍 충현로 159, 상가동 107-1호
대표전화 _ (044)863-7652
팩시밀리 _ 0505-116-7653
휴대전화 _ 010-5355-7565
전자우편 _ sie2005@naver.com
공 급 처 _ 한국출판협동조합
주문전화 _ (02)716-5616
팩시밀리 _ (031)944-8234~6

ⓒ황미경, 2025
ISBN 979-11-91914-91-7 (03810)

* 지은이와 협의하여 인지는 생략합니다.
* 이 책 내용의 전부 또는 일부를 재사용하려면 반드시 지은이와
  詩와에세이 양측의 동의를 받아야 합니다.
* 책값은 뒤표지에 표시되어 있습니다.
* 이 책은 충청남도, 충남문화관광재단의 후원으로 발간되었습니다.